HYPOTHÈQUES

DANGERS

RÉSULTANT

1°. De l'inexécution de l'article 1er, § 1er de la loi du 23 mars 1855,
en matière de

TRANSCRIPTION HYPOTHÉCAIRE

.des actes entre-vifs, translatifs de propriété immobilière

2° Des

ÉTATS D'INSCRIPTION

DITS

SUPPLÉMENTAIRES OU COMPLÉMENTAIRES

(Art. 2198, du C. Civ. et 750, § 2 du C. proc. civ.)

PAR

Léonce TEISSONNIÈRE

Conservateur des Hypothèques à Pau.

PRIX : 1 FR. 25

PAU

IMPRIMERIE A. VERONESE, RUE PRÉFECTURE, 14

1884

HYPOTHÈQUES

DANGERS

RÉSULTANT

1° De l'inexécution de l'article 1er, § 1er de la loi du 23 mars 1855,
en matière de

TRANSCRIPTION HYPOTHÉCAIRE

des actes entre-vifs, translatifs de propriété immobilière

2° Des

ÉTATS D'INSCRIPTION

DITS

SUPPLÉMENTAIRES OU COMPLÉMENTAIRES

(Art. 2198, du C. Civ. et 750, § 2 du C. proc. civ.)

PAR

Léonce TEISSONNIÈRE

Conservateur des Hypothèques à Pau.

PRIX : 1 FR. 25

PAU

IMPRIMERIE A. VERONESE, RUE PRÉFECTURE, 11

1884

PRÉFACE

Nous avons la conviction profonde de faire œuvre utile, en signalant, dans l'intérêt général, les dangers qui résultent fatalement :

1° De l'inexécution de l'art. 1er, § 1er de la loi du 23 mars 1855, en matière de *transcription hypothécaire* des actes entre-vifs, translatifs de propriété immobilière ;

2° Des *états d'inscription*, dits SUPPLÉMENTAIRES ou COMPLÉMENTAIRES (art. 2198 du C. civ. et 750, § 2 du C. de proc. civ.)

Une simple brochure, quelquefois, peut valoir à elle seule un livre, lorsque surtout elle contient un résumé complet de la législation, de la jurisprudence, de la doctrine et de la pratique sur des questions spéciales qui y sont traitées.

Heureux si, comme nous osons l'espérer, cette étude, fruit d'une expérience déjà longue, est appelée à être de quelque utilité au monde des affaires, à MM. les magistrats, notaires, avoués, etc.

Nous l'offrons avec confiance et sans autre ambition que celle du bien public.

§ 1er.

Dangers de l'inexécution de l'art. 1er, § 1er de la loi du
23 mars 1855, en matière de *transcription hypothécaire* des
actes entre-vifs, translatifs de propriété immobilière.

———

Quelques mots, tout d'abord, sur les dangers qu'entraîne
l'inexécution de l'art. 1er, § 1er de la loi du 23 mars 1855, en
matière de transcription des actes de l'espèce.

Cet article est ainsi conçu :

« Sont transcrits au bureau des hypothèques de la situa-
» tion des biens : tout acte entre vifs, translatif de propriété
» immobilière ou de droits réels susceptibles d'hypothè-
» ques, etc., etc. »

Le but de la loi est de rendre publiques les mutations de
la propriété immobilière et de ses démembrements, qui
transfèrent à autrui la propriété d'un immeuble.

Or, il n'y a pas témérité à soutenir, il est, au contraire,
permis d'affirmer, sans craindre d'être contredit, que la loi
ne reçoit pas son entière exécution ; et que, en vue d'une
économie inintelligente et parcimonieuse, beaucoup de ces
actes, notamment sous seing privé (que nous conseillons
de toujours déposer, pour plus de sûreté, préalablement et
pour minute, dans une étude de notaire), ne sont pas sou-
mis à la formalité de la transcription.

Il ne saurait malheureusement y avoir aucun doute à ce
sujet.

On ne devrait cependant pas ignorer que, parfois, spécialement au cas particulier, il est des dépenses qui, alors
surtout qu'elles sont aussi minimes qu'elles sont utiles
dans leur application et par leurs effets, constituent de
vraies et sages économies ; il semble que la raison comme
l'intérêt bien compris devraient régler la conduite de
chacun, en cette occurrence.

L'acquéreur et le vendeur ont, l'un et l'autre, le plus

grand intérêt à faire transcrire leur contrat, puisque l'un garantit l'immeuble qu'il acquiert de l'action du chef du vendeur ; et l'autre, s'il n'est pas intégralement payé, assure et garantit son privilége, qu'il perd en ne faisant pas transcrire son contrat dans les 45 jours de sa date (art. 1, 3, 6, 7 de la loi du 23 mars 1855).

La transcription est la condition essentielle, indispensable, la condition sine quâ non, de la transmission de la propriété, à l'égard des tiers.

C'est là un changement notable apporté par la loi de 1855 à la disposition du C. civ., d'après laquelle :

« Une convention est parfaite par le seul consentement » des parties ». La loi respecte ce principe, à l'égard des parties contractantes ; mais, pour les tiers, la mutation n'est entièrement et absolument accomplie que par la transcription.

D'où il résulte que la translation de la propriété est parfaite, entre parties, dès qu'il y a consentement réciproque ; mais, elle n'existe, à l'égard des tiers, que par la transcription du titre.

Si donc un premier acquéreur n'a pas fait transcrire son contrat, il ne sera pas protégé contre les effets d'une vente, même postérieure, qui aura été transcrite.

Vainement on soutint, lors de la discussion de la loi, que le second acquéreur n'était pas un tiers, mais un ayant droit, et qu'il ne devrait pas profiter de la transmission de la propriété, la transcription n'étant obligatoire qu'à l'égard des tiers.

Le rapporteur répondit que c'était là une erreur ; qu'en dehors des deux parties contractantes, il n'y a que des tiers ; que le principe posé par la loi est que : la vente, valable pour les parties contractantes, est censée ne point exister, est nulle, à l'égard des tiers ; tellement nulle, que, si le vendeur consent des hypothèques, tant pis pour l'acquéreur qui n'a pas fait transcrire son contrat.

Dès lors, on doit tenir pour certain que le deuxième

acquéreur est un tiers vis-à-vis de l'acquéreur primitif, et, qu'ayant fait transcrire avant tout autre, il est investi de la propriété.

On voit tous les dangers qui résultent du défaut de transcription des actes de l'espèce :

Point n'est besoin de les souligner autrement, aux yeux et à l'esprit des gens pratiques.

En outre, cet état de choses cause un préjudice considérable au Trésor.

Aussi, est-on généralement surpris que, ainsi qu'il l'a fait, par l'art. 4 de la loi de 1855, à l'égard de l'avoué poursuivant qui n'a pas fait mentionner, en marge d'un acte transcrit, dans le mois à dater du jour où il a acquis l'autorité de la chose jugée, le jugement qui en prononce la résolution, nullité ou rescision, le législateur n'y ait pas introduit une sanction pénale, n'ait pas prononcé, contre le nouveau possesseur, une amende, d'un chiffre quelconque, de 50 fr. fixe, par exemple :

Il eut suffi d'ajouter au texte de l'art. 1er, ces mots :

« Sous peine, contre l'acquéreur, d'une amende de 50 fr., » en principal, pour chaque acte non transcrit. »

La loi eut alors reçu une exécution non pas seulement plus répandue, mais générale, absolue. Les résultats eussent été excellents, immédiats ; l'action des capitaux de placement étant incessante, le crédit de la terre se fut encore plus développé, plus affermi ; aucune incertitude ne régnant plus sur la propriété et rencontrant par cela même une somme plus considérable de garanties de sécurité, de stabilité, on aurait vu les capitaux se donner au sol en plus grande abondance, imprimer plus de valeur aux propriétés, en faciliter la circulation et la transmission, amener un accroissement régulier, constant, des actes translatifs de propriété immobilière.

Toutes choses que le Législateur Belge a parfaitement comprises, non seulement en rendant la transcription hypothécaire de ces actes absolument obligatoire, mais en proclamant, en même temps, la nécessité d'un traitement très rigoureux.

En effet, par l'art. 3 de sa loi du 3 janvier 1824, il a fixé un délai, relativement très court, deux mois à partir du jour de leur enregistrement préalable, pour la transcription de tous actes comportant mutation entre vifs de biens immeubles;

Et il a édicté, par l'art. 4 de la même loi, contre le nouveau possesseur, l'amende considérable d'une somme égale au droit de transcription.

Cette amende a été réduite, 17 ans après, au demi droit, par l'art. 2 d'une seconde loi du 30 mars 1841, lorsqu'on a eu obtenu tous les effets désirables de la première et assuré à jamais, dans l'avenir, sur le pied d'une égalité parfaite, l'exécution générale d'une loi qui, désormais et pour toujours, est définitivement entrée dans les mœurs et dans la pratique.

L'art. 3 de la loi Belge, du 3 janvier 1824, susvisée, est ainsi conçue :

« Tous actes passés après l'introduction de la présente » loi et qui emportent mutation entre vifs de biens » immeubles, devront être transcrits au bureau de la » conservation des hypothèques dans l'arrondissement » duquel le bien est situé, dans les deux mois qui suivront » le dernier jour du délai fixé pour l'enregistrement ».

L'art. 4 de la même loi porte :

« Faute d'avoir présenté les actes à la transcription dans » le délai déterminé ci-dessus, le nouveau possesseur sera » tenu de payer, outre le droit, une somme égale, à titre » d'amende ».

L'art. 2 de la loi du 30 mars 1841 porte :

« L'amende d'une somme égale au droit, prononcée par » l'art. 4 de la loi du 3 janvier 1824, à défaut de présenta- » tion des actes à la transcription dans les délais qu'elle » détermine, est réduite au demi-droit ».

En France, où la propriété est très divisée, il semble que

l'intérêt public eût exigé que les actes et les transactions
de l'espèce fussent protégés contre cette tendance qui se
manifeste chez certains esprits réfractaires, à toujours
vouloir se soustraire à l'exécution de la loi.

Les demi mesures ne satisfont aucun intérêt: il faut
attaquer le mal dans sa source; et, s'il n'est pas en notre
pouvoir de détruire tous les abus, toujours est-il que la
meilleure loi est celle qui en laisse subsister le moins.

La loi donne le droit et on doit tenir d'elle le pouvoir
nécessaire de la faire respecter.

Si donc on trouve un moyen d'arriver à ce but, il faut
s'empresser, ce semble, de le saisir.

Ce moyen est simple, s'indique et s'offre de lui-même:

Il suffirait, comme nous l'avons dit, d'une disposition,
équitable en soi, qui assurerait les intérêts de tous,
fortifierait la propriété.

Aussi bien, le Trésor serait en droit d'espérer des recettes
beaucoup plus élevées.

Il ne serait point à craindre, d'ailleurs, qu'on se heurtât
à aucune protestation; personne assurément ne s'en
plaindrait, par cela même que cette mesure, d'utilité
publique, légitime dans son but, salutaire dans ses effets,
profiterait à tous; et si la mauvaise foi seule songeait à s'en
alarmer, ce serait une preuve de plus en faveur de la
mesure.

Et puis, ce ne serait certes point là créer un impôt
nouveau; il n'y aurait pas tâche de bursalité, puisqu'on ne
ferait qu'assurer l'exécution stricte d'une loi déjà existante,
afin de lui faire produire tout ce qu'elle peut et doit légalement produire.

Or, si nous ne nous trompons, telles ont bien été les
paroles pleines de sens, les vues sages, exprimées par le
Président de la Commission du Budget, M. Rouvier, dans
le discours si patriotique qu'il a prononcé, en 1884, en
prenant possession du fauteuil de la Présidence.

Quels résultats incalculables ne pourrait-on pas se promettre !

D'autre part, les capitaux, comme les transactions, y gagneraient une sécurité dont on ne saurait trop s'applaudir.

Peut-être est-ce là une question qui sollicite l'attention de la Commission du Budget, des Chambres et du Gouvernement, une question non pas seulement de haut intérêt financier, mais encore et par dessus tout de moralisation pour le pays ;

Ainsi qu'un de nos éminents sénateurs, M. Marcel Barthe, l'exposait dans la séance du Parlement, du 24 mars 1884, avec l'autorité que lui prête sa longue expérience :

« L'élément le plus puissant de moralisation est la pro-
» priété foncière, et c'est en même temps celui qui répond
» le mieux au besoin d'ordre dans la société ; le travailleur
» qui parvient à acquérir un petit capital immobilier voit
» s.n bien-être s'augmenter et devient le partisan et le
» défenseur de la société ».

§ 2.

DANGERS de l'inexécution de l'art. 2198 du C. civ. et des *états d'inscription* dits SUPPLÉMENTAIRES OU COMPLÉMENTAIRES, en matière de transcription hypothécaire des actes entre-vifs translatifs de propriété immobilière.

Nous venons d'établir les dangers qu'entraîne la non transcription des actes de l'espèce.

Nous allons démontrer les dangers qui résultent de l'inexécution ou de l'exécution irrégulière, incomplète, de l'art. 2198 du C. civ. et des états d'inscription, dits *supplémentaires* ou *complémentaires,* en cette matière.

Au termes de l'art. 2181 du C. civ.:

« Les contrats translatifs de la propriété d'immeubles
» ou droits réels immobiliers, que les tiers détenteurs
» voudront purger de priviléges et hypothèques, seront
» transcrits en entier par le conservateur des hypothèques
» dans l'arrondissement duquel les biens sont situés. »

Mais, d'après l'art. 2182 :

« La simple transcription des titres translatifs de pro-
» priété ne purge pas les hypothèques et priviléges établis
» sur l'immeuble ;

» Le vendeur ne transmet à l'acquéreur que la propriété
» et les droits qu'il avait lui-même sur la chose vendue ; il
» les transmet sous l'affectation des mêmes priviléges et
» hypothèques dont il était chargé. »

On le voit, il ne suffit pas d'acquérir ; ensuite, de faire
transcrire son contrat :

L'acquéreur a surtout à prendre souci de payer régulièrement le prix de son acquisition, de se libérer valablement ;
car, aux termes de l'art. 2166 :

« Les créanciers ayant privilége ou hypothèque inscrite
» sur un immeuble, le suivent en quelques mains qu'il
» passe, pour être colloqués et payés suivant l'ordre de
» leurs créances ou inscriptions. »

Et aux termes de l'art. 2167 :

« Si le tiers détenteur ne remplit pas les formalités
» établies pour purger sa propriété, il demeure, par l'effet
» seul des inscriptions, obligé à toutes les dettes hypothé-
» caires. »

Qu'a-t-il donc à faire, pour se libérer valablement ?

D'après l'art. 2183 :

« Si le nouveau propriétaire veut se garantir de l'effet
» des poursuites autorisées dans le chapitre VI livre III du
» C. civ., il est tenu, soit avant les poursuites, soit dans le
» mois, au plus tard, à compter de la première sommation
» qui lui est faite, de notifier aux créanciers, aux domiciles
» par eux élus dans leurs inscriptions :

» 1er . . . .

» 2°. . . . .

» 3° Le tableau, sur trois colonnes, des hypothèques et
« inscriptions. »

Mais, objecte-t-on, l'acquéreur ne veut point purger, car
la purge n'est pas obligatoire de fait, n'est pas forcée ; elle
est facultative.

C'est parfaitement vrai, il faut le reconnaître.

La question fut, en effet, posée dans les séances des 10 et
12 ventôse an XII (1er et 3 mars 1804), relatives aux tra-
vaux préparatoires du Code civil.

Chaque membre de la commission du Gouvernement prit
une part active à la discussion du projet de loi sur le mode
de consolider les propriétés et de les purger des priviléges
et hypothèques :

Concilier le crédit le plus étendu avec la plus grande
sûreté possible, tel était le problème à résoudre.

Tous firent preuve d'un grand savoir, dans l'exposé
des motifs, dans leurs rapports et leurs discours, — le
Consul Cambacérés, Treilhard, Jollivet, Cretet, Bérenger,
Lacuée, Regnaud de Saint-Jean-d'Angély, Tronchet, Mal-
leville, Bigot-Préameneu.

D'abord, on fut unanime, pour déclarer que la transcription hypothécaire ne devait point avoir pour effet de purger
la propriété. (Art. 2182.)

En ce qui concerne la purge des hypothèques, l'opinion
ferme du Consul Cambacérés fut que la purge devait être
obligatoire, forcée.

Treilhard, au contraire, soutint qu'elle devait être facultative ; que l'acheteur ne devait pas être forcé de purger ;
que l'intention de la Section et du Tribunat était seulement
d'offrir à l'acheteur un moyen de purger les hypothèques ;
et, dans le cas où il n'en userait pas, qu'il fut tenu de
payer ou de déguerpir l'héritage.

Treilhard fut nommé, avec Jollivet et Lacuée, pour pré-
senter au Corps Législatif, dans sa séance du 24 ventôse

an XII (15 mars 1804) le titre VI du livre III du projet du Code civil, intitulé : Priviléges et hypothèques, — pour en exposer les motifs et en soutenir la discussion dans la séance du 28 du même mois de ventôse an XII (19 mars 1804).

L'opinion de Treilhard fut adoptée.

Mais, disons le, il n'est point rare d'entendre, aujourd'hui encore, des esprits sincères, éclairés, pratiques, regretter que l'opinion du Consul Cambacérés n'ait pas prévalu.

La mesure proposée par lui eut encore plus protégé, garanti, assuré l'efficacité et l'exécution des transactions.

L'expérience en a fait une vérité.

Quoiqu'il en soit, et puisque l'acquéreur a cette faculté, admettons donc qu'il ne veuille pas purger.

Ce serait heurter le bon sens que de penser que c'est seulement lorsqu'on veut purger, que l'état *général* des inscriptions est nécessaire.

Certes, il nous sera aisé de démontrer que, même dans ce cas, surtout dans le cas où il ne veut pas purger, l'acquéreur, soucieux de ses intérêts, de son repos, qui veut payer son prix régulièrement, se libérer valablement et éviter les poursuites des créanciers dont le gage hypothécaire est passé entre ses mains et qui le contraindront soit à payer la totalité de la dette hypothécaire, même fut elle supérieure au montant de son prix d'acquisition, soit à délaisser, soit enfin à laisser vendre sur lui, — l'acquéreur a le plus grand intérêt, il y a pour lui nécessité absolue, plus impérieuse que jamais, de prendre, *après la transcription de son titre*, l'état qui lui fera connaître *tous* les créanciers inscrits contre les anciens propriétaires qui ont possédé successivement l'immeuble et dont les noms sont révélés par l'acte même.

Il saura alors et seulement par ce moyen à qui il doit payer le prix de son acquisition.

Mais, pour cela, il a absolument besoin de prendre l'état complet, *général*, des inscriptions, requis et délivré dans la forme seule, entière, rigoureuse des états *sur transcription* ; en un mot, l'état comprenant *toutes* les charges qui grèvent l'immeuble par lui acquis, tant du chef de *tous* et de chacun des *vendeurs*, que du chef de *tous* et de chacun des *précédents propriétaires* dénommés dans le contrat transcrit.

Cet état seul est régulier, remplit le vœu de la loi.

Tout autre état quelconque, requis et délivré, soit avant, soit après la transcription de l'acte, dans toute autre forme, à toute autre fin, surtout partiel, restreint, limité à quelques unes des charges, au vendeur seul par exemple, ou seulement à quelques uns des vendeurs, ou à quelques uns des précédents propriétaires, est réputé, est déclaré, de par la loi, absolument incomplet, insuffisant, contraire à la lettre, à l'esprit et au but de l'art. 2198 qui offre à l'acquéreur le *seul* moyen véritablement sûr de connaître *toutes* les charges grevant l'immeuble acquis et d'en payer régulièrement, valablement, le prix, sans courir les risques d'être inquiété par la suite.

L'art. 2198 est ainsi conçu : « L'immeuble à l'égard du- » quel le conservateur aurait omis dans ses certificats une » ou plusieurs des charges incrites, en demeure, sauf la » responsabilité du conservateur, affranchi dans les mains » du nouveau possesseur, POURVU qu'il ait requis le certifi- » cat *depuis la transcription* de SON titre, etc. ».

Pendant quelque temps on a pu penser que le certificat ou l'état requis par l'acquéreur, *après la transcription* de son contrat, intéressait les tiers, puisque la réquisition en était faite en vue de la purge hypothécaire ;

Ce pourquoi, un tel état ou certificat ne pouvait pas être, ne devait pas être restreint, partiel, limité à certaines des charges seulement.

Dans la pensée de l'art. 2198, disait-on, le certificat à délivrer par le conservateur, dans ce cas, fait foi, pour tous, de la situation hypothécaire de l'immeuble, puisque les inscriptions ou les charges qui n'y sont pas portées sont, par rapport aux tiers, comme si elles n'avaient pas d'existence ;

Le conservateur ne saurait donc déférer à la réquisition d'un acquéreur qui prétendrait se faire délivrer comme état *sur transcription*, c'est-à-dire comme état légalement présumé complet, un état partiel et limité qui, relatant seulement les inscriptions prises contre tel ou tel des anciens propriétaires, serait susceptible de tromper les tiers ;

Le conservateur doit toujours, quels que soient les termes de la réquisition, se régler sur le contrat et faire connaître tous les créanciers inscrits contre les anciens propriétaires qui ont possédé l'immeuble et dont les noms sont révélés par l'acte même.

En déférant à une réquisition restreinte, il omettrait nécessairement les créanciers inscrits contre quelques uns des anciens propriétaires ;

Ces créanciers omis seraient lésés, puisqu'on leur laisserait ignorer la vente, qu'on les mettrait dans l'impossibilité de surenchérir, et que le prix serait distribué sans eux ;

Le conservateur engagerait donc sa responsabilité, aux termes des art. 2197 et 2198 du C. civ. ;

Et la restriction même qui aurait été mise à la réquisition ne l'affranchirait pas, car il n'aurait pas ici l'excuse d'une désignation insuffisante qui ne lui serait pas imputable, puisque, ayant été requis *après la transcription* du contrat, il aurait eu dans le contrat même les moyens de connaître tous ceux sur lesquels la purge doit s'accomplir ;

Cela ne veut pas dire que l'acquéreur, s'il estime que les inscriptions prises contre les anciens propriétaires sont sans objet, ne puisse pas requérir et se faire délivrer un état limité aux inscriptions prises contre le vendeur ou contre tel ou tel des anciens propriétaires ;

Mais cela signifie qu'on ne saurait exiger du conservateur qu'il commette un mensonge en qualifiant d'état *sur transcription* un état qui, ainsi limité, ne se rattache pas à la transcription, et n'est, en réalité, qu'un certificat *individuel* et *sur immeuble désigné*.

Tel était le système qu'on a pendant quelque temps et primitivement soutenu.

Mais il faut bien le reconnaître, depuis lors, la Cour de Cassation a formellement décidé, notamment par un arrêt du 26 juillet 1859, que le conservateur des hypothèques, auquel un acquéreur, en requérant la transcription de son contrat, demande la délivrance d'un état des inscriptions grevant l'immeuble à lui vendu, en les limitant à celles prises contre le vendeur seul, ou contre les précédents propriétaires, ou certains d'entr'eux, le conservateur ne peut et ne doit se refuser à délivrer l'état sur transcription ainsi limité, sous le prétexte que l'état sur transcription ne peut être qu'un état général comprenant toutes les charges dont l'immeuble a été affecté entre les mains de tous les anciens propriétaires.

La Cour a fait, en ce point, l'application exacte de la Loi, considérée soit dans son esprit, soit dans sa lettre.

C'est donc un point parfaitement et définitivement établi : tout acquéreur a le droit incontestable et incontesté de requérir et d'obtenir du conservateur des hypothèques, après la transcription de son contrat, un état purement partiel, restreint, limité à certaines charges.

C'est très bien.

Mais, ici, s'impose une question d'un intérêt supérieur, d'une importance capitale, que l'on tend par trop à oublier et qu'il importe cependant, au plus haut degré, d'avoir toujours présente à l'esprit.

La voici :

L'acquéreur, objecte-t-on, ne veut pas purger.

Libre à lui ; mais, à ses risques et périls.

Néanmoins, il veut payer son prix à qui il doit régulièrement, légalement le payer.

En un mot, il veut se libérer valablement.

Pour tout acquéreur c'est certainement là un intérêt de premier ordre.

Voyons donc ce qu'il a fait, comment il a procédé.

D'abord et avant d'acquérir, il a eu soin, il est vrai, de requérir l'état, mais plus ou moins complet, des inscriptions grevant *l'immeuble désigné* qu'il veut acheter.

Puis, après avoir acquis et fait transcrire son contrat, il a requis un second état, le plus souvent du chef du vendeur seul, ou bien du chef des précédents propriétaires seuls, ou bien encore et seulement de quelques-uns d'entr'eux, un état *complémentaire*, d'après lui parfaitement suffisant ; mais, comme on le voit, toujours partiel, restreint, limité à certaines charges.

Quant aux autres charges, il estime en avoir personnellement une connaissance parfaite, attendu qu'il s'agit d'un immeuble qui a été successivement aux mains de plusieurs possesseurs qui, tous, ont fait transcrire et ont requis des états après transcription de leur titre respectif.

Dès lors, se dit l'acquéreur, à quoi bon requérir, dans ce cas, même en vue de la purge, l'état complet, général, sur et après transcription de son titre à lui, en un mot l'état tel qu'il est prescrit par l'art. 2198, c'est-à-dire comprenant toutes les charges, tant du chef du ou des vendeurs, que du chef de tous les précédents possesseurs dénommés au contrat ?

Ce nouvel état ne lui apprendrait rien qu'il ne sache déjà par lui-même, ou qui ne lui ait été révélé par les transcriptions antérieures et par les états précédemment requis et délivrés.

Et alors, il s'abstient de requérir cet état.

Et il paye le prix de son acquisition, soit au vendeur, soit aux créanciers de lui ainsi connus.

Il a confiance de s'être libéré sûrement, valablement.

C'est là simplement un abus de l'art de raisonner ; c'est la négation des lois de la prévoyance et de la sagesse.

Non seulement il ne veut pas purger ; il ne veut même pas prendre l'état prescrit par l'art. 2198, qui, seul, lui révélerait d'une manière exacte, complète, légale, non seulement toutes les charges qui pèsent sur l'immeuble, mais

encore les modifications que les inscriptions ont pu subir depuis la délivrance de l'état ou des états primitifs, telles que subrogations, cessions d'antériorité, etc. : il n'en soupçonne même pas l'existence.

Soyons plus prudents, plus pratiques.

Cet acquéreur ignore évidemment tous les dangers auxquels il s'expose, en violant ouvertement le texte et l'esprit de la Loi.

Le payement qu'il aura ainsi effectué pourra certainement ne pas toujours être régulier ; il ne se sera pas libéré valablement, il devra payer deux fois, ou se voir contraint à délaisser ; toutes choses dont l'effet, le plus souvent, est de dévorer le gage des créanciers, dépouillés comme le débiteur lui-même.

Autre exemple :

Avant, ou même après la transcription de son titre, l'acquéreur a requis, comme nous l'avons dit, l'état des inscriptions, mais partiel, restreint, limité à certaines charges.

Dans cet état, le conservateur a omis, supposons, une inscription.

Le créancier omis somme le tiers détenteur de l'immeuble grevé de cette inscription, de payer ou de délaisser.

Le tiers détenteur appelle le conservateur en garantie.

Dans ce cas et malgré l'omission, la responsabilité du conservateur est et sera toujours mise hors de cause.

Comment, en effet, pourrait-elle se trouver engagée ?

Dans quel cas l'omission commise par le conservateur a-t-elle pour effet d'éteindre, au profit du nouveau possesseur, le droit de suite attaché à l'hypothèque dont l'inscription a été omise ?

C'est seulement, d'après l'art. 2198, quand le nouveau possesseur a requis l'état *depuis la transcription* de son *titre,* c'est-à-dire l'état *sur transcription,* l'état complet, *général,* comprenant absolument *toutes* les charges inscrites, tant du chef des *vendeurs* que du chef de tous les *précédents propriétaires.*

De quelque manière qu'on envisage la lettre, le sens, l'esprit de l'art. 2198, point de doutes, point de difficultés d'interprétation ; les termes en sont absolument clairs, précis, sans restriction, sans équivoque.

Donc, lorsque, au mépris de l'art. 2198, la réquisition a été expressément restreinte, limitée par l'acquéreur au vendeur seul, ou à quelques-uns des précédents propriétaires, en un mot à certaines des charges seulement, grevant l'immeuble par lui acquis, il ne saurait y avoir de base pour l'action en responsabilité contre le conservateur.

Et puis, d'ailleurs, qui aurait droit ou intérêt à intenter cette action ?

Le créancier omis ?

Nullement.

Le créancier omis n'a à souffrir, en aucun cas, de l'omission, puisque sa situation reste toujours intacte.

Donc, puisqu'il n'y a pas de dommage possible pour lui, il ne saurait avoir contre le conservateur d'action en réparation.

Sera-ce l'acquéreur ?

Encore moins.

Certainement, ce dernier pourra souffrir de l'omission ; il en souffrira inévitablement, si, faute par lui d'avoir requis, après la transcription de son titre, l'état complet, général, prescrit par l'art. 2198, il s'est trompé sur la véritable situation hypothécaire de l'immeuble, s'il s'est borné à prendre un état partiel, restreint, et s'il n'a pas fait tout ce qu'il devait faire pour que l'immeuble demeurât entièrement purgé.

Mais, c'est lui qui en a voulu courir la chance ; il ne peut, par conséquent, s'en prendre qu'à lui-même ; le conservateur n'a pas à s'en préoccuper ; en présence de la réquisition restreinte, limitée, qui lui a été déposée, il doit demeurer et demeure, quoiqu'il arrive, à l'abri de toute responsabilité, par le motif que le tiers détenteur ne s'étant pas conformé à l'art. 2198, le créancier *n'a point perdu son*

droit de suite sur l'immeuble vendu et que, dès lors, il n'y a
pas préjudice causé par le fait du conservateur.

La jurisprudence est constante ; auteurs et commenta-
teurs sont unanimes sur ce point.

Spécialement, il a été jugé :

Que l'immeuble, à l'égard duquel le conservateur a omis
dans son certificat une ou plusieurs des charges inscrites,
n'est point affranchi dans les mains du nouveau possesseur,
lorsque le certificat, au lieu d'être requis et délivré *posté-*
rieurement à la transcription de l'acte, a été requis et délivré *antérieurement* ; dans ce cas, l'acquéreur n'est point
fondé à exercer une action en garantie contre le conservateur ;

Que l'état, requis après la transcription du contrat, mais
partiel, restreint, limité, est insuffisant pour faire connaître
la situation hypothécaire véritable de l'immeuble ;

Que l'état *général* SEUL, c'est-à-dire comprenant *toutes*
les charges inscrites, tant du chef de *tous* les *vendeurs*, que
du chef de *tous* les *précédents propriétaires*, satisfait au vœu
de l'art. 2198 ;

Que, par suite, et nonobstant l'omission de son inscription, le créancier omis *n'a point perdu son droit de suite* sur
l'immeuble vendu, par le motif que l'acquéreur ne s'est pas
conformé à l'art. 2198 ;

Que s'il y a eu réellement préjudice causé soit à l'inscri-
vant omis, soit au tiers détenteur, c'est uniquement par le
seul fait du tiers détenteur lui-même ;

En conséquence, fait main levée de l'opposition du tiers
détenteur ;

Ordonne la continuation des poursuites dérigées contre
lui en cette qualité ;

Ordonne, au surplus, la mise hors de cause, entière et
définitive, du conservateur ;

Condamne le tiers détenteur en tous les dépens de
l'instance.

(Cour de Grenoble, 21 août 1822 ; — D. A. 9. 460 ; —

Tarrible, V. transcription, page 136; — Troplong, t. 4, n° 1,000; — Persil; rég. hypoth., n° 2197; — Trib. de Coutances, 18 juillet 1883; — etc., etc.)

Disons, avant de terminer ce §, que l'état sur transcription ne peut et ne doit s'appliquer qu'à un seul acte.

Le droit et le devoir du conservateur sont de délivrer des états sur transcription en nombre égal à celui des contrats transcrits;

C'est-à-dire que celui ou ceux qui ont acquis, le même jour ou à des dates différentes, par des actes séparés, transcrits séparément, des immeubles distincts, ne peuvent requérir le conservateur de leur délivrer un seul et même état à l'appui de la transcription de ces différents contrats, encore bien que l'origine de propriété soit identique et que les vendeurs soient les mêmes.

(Jugem. du trib. Monluçon, 10 août 1865; — Arrêt de la Cour de Riom, 18 avril 1866; — Sol. de l'administ., 30 avril 1856, 24 juin 1864, 3 mai 1870, 6 juin 1874; — etc., etc.)

Une dernière question que nous croyons utile d'élucider. La voici :

Il arrive quelquefois que l'*acquéreur*, qui a payé son prix sur l'état général d'inscription requis et délivré selon le vœu et la forme de l'art. 2198, après la transcription de son titre, et qui est poursuivi en délaissement de l'immeuble par un créancier dont l'inscription a été omise, actionne le conservateur pour la garantie des poursuites exercées contre lui par ce créancier.

Il y a lieu de faire remarquer que ce droit appartient *exclusivement* au CRÉANCIER omis, *seul*.

Aux termes de l'art. 2198, l'immeuble à l'égard duquel le conservateur aurait omis une ou plusieurs incriptions, en demeure, sauf la responsabilité du conservateur, affranchi dans les mains du nouveau possesseur, POURVU que l'acquéreur ait requis le certificat *depuis la transcription de* SON *titre :* c'est toujours là la condition essentielle pour engager la responsabilité et entraîner la garantie que la Loi impose au conservateur.

Cette condition se trouve, d'ailleurs, consacrée dans l'art. 3 de la loi du 23 mars 1855, d'après lequel, jusqu'à la transcription, les droits résultant des actes et jugements énoncés dans les art. 1 et 2 de la même loi, ne peuvent être opposés aux tiers qui ont des droits sur l'immeuble et qui les ont conservés en se conformant aux lois.

L'acquéreur a-t-il un recours contre le conservateur, à raison de l'omission signalée dans l'état d'inscription délivré par ce dernier ?

Evidemment non, puisque l'acquéreur, s'étant conformé à l'art. 2198, ne peut, dès lors, en éprouver aucun préjudice.

Vainement l'acquéreur prétendrait que cette omission l'expose à l'action hypothécaire du créancier.

Sans doute, le créancier peut, aux termes de l'art. 2166 et suivants, exercer le droit de suite contre le tiers détenteur de l'immeuble, pour le forcer à payer son prix ou à délaisser.

Mais, lorsque le tiers détenteur justifie qu'il a payé son prix d'acquisition sur la quittance des créanciers indiqués dans le certificat délivré après la transcription de son titre, alors le tiers détenteur échappe à l'action en délaissement, nulle condamnation ne peut l'atteindre : l'omission dont il se plaint, loin de lui nuire, consolide, au contraire, son acquisi ion, puisqu'elle lui permet de repousser l'action hypothécaire du créancier omis et empêche, de la part de ce dernier, toute surenchère.

Les art. 1382 et suivants du C. civ. sont formels :

Le premier de ces art. dit positivement que celui-là seul auquel un préjudice est causé, a droit d'en demander la réparation à l'auteur du fait préjudiciable.

Or, il est certain que l'omission ne saurait, le cas échéant et dans tous les cas, avoir de résultat préjudiciable que pour le *créancier* omis, dont elle a pu compromettre les droits et les intérêts, puisque son hypothèque étant bien et dûment publiée, il est néanmoins déchu du droit de suite sur l'immeuble, sauf son recours sur le prix, tant que le prix n'est pas payé, et contre le conservateur, dans le cas où, par suite de l'omission, le prix viendrait à lui échapper.

Nul autre que le *créancier* omis ne peut donc légalement actionner le conservateur en dommages-intérêts.

Faut-il encore, dit Persil, qu'il soit indubitablement établi, prouvé, que, sans cette omission, le créancier aurait été utilement colloqué, désintéressé, payé ; ou que, à l'aide de la surenchère qu'il aurait pu requérir, l'immeuble aurait été porté à une somme assez considérable pour le remplir de la totalité ou de partie de ses droits, de sa créance.

En effet, la responsabilité du conservateur se traduit en dommages-intérêts.

Or, les dommages-intérêts, qui sont la réparation d'un préjudice souffert, ne peuvent être alloués si, en fait, il n'y a pas eu de préjudice, ils ne peuvent être alloués que dans la mesure du tort à réparer.

« L'indemnité, dit Troplong, doit être en raison et pro-
» portionnée au dommage réellement souffert. — »

(Cour de Bordeaux, 24 juin 1813 ; — Cour de Grenoble, 21 août 1822 ; S. V. 15, 2, 115 ; — D. A. 9, 457 ; — S. V. coll. nouv. 7 ; — D. A. 9, 460 ; — Persil, Rég. hypoth. t. 2, pages 406, 459, nᵒˢ 3, 4 ; — Grenier, traité des hypoth. t. 2, p. 312 ; — Duranton. t. 20, nᵒ 427 ; — Troplong, Privilèges et hypoth. t. 5, nᵒ 1001 ; — Paul Pont, art. 2097, nᵒ 1445 : — etc., etc.,

§ 3.

DANGERS de l'inexécution de l'art. 750 § 2, du C. de proc. civ. et des *états d'inscription*, dits SUPPLÉMENTAIRES OU COMPLÉMENTAIRES, en matière D'ORDRES JUDICIAIRES.

———

Passons à une question qui est tout aussi importante, au point de vue des intérêts des tiers, du respect et de l'exécution de la loi.

Quelques considérations rapides mais exactes suffiront pour démontrer les dangers que peut également entraîner une irrégularité grave qui, généralement, se glisse dans la procédure relative aux ordres judiciaires et qui, en outre, prive, elle aussi, le Trésor, de droits de timbre considérables.

Cette irrégularité peut, d'ailleurs, avoir pour effet de compromettre la responsabilité de MM. les Avoués.

Nous pensons leur être utile, en appelant toute leur attention sur ce point.

Il arrive souvent que, en vue également d'une économie imprudente et sans importance réelle, pour utiliser et faire servir encore et à nouveau un précédent état d'inscription tel que l'état requis et délivré après la transcription de la saisie immobilière et spécialement aux fins des sommations prescrites par les art. 691, 692 du C. de proc. c., MM. les Avoués, au lieu de déposer au Greffe du Tribunal, en exécution de l'art. 750 § 2. du même Code, l'état des inscriptions, l'état général, sur et après la transcription du jugement d'adjudication, c'est-à-dire comprenant toutes les charges hypothécaires frappant l'immeuble adjugé, tant du chef des vendeurs, que du chef de tous les précédents propriétaires dénommés dans le jugement transcrit,

MM. les Avoués se bornent à prendre à la conservation

des hypothèques et à joindre à ce précédent état, un état simplement *supplémentaire* ou *complémentaire*, c'est-à-dire comprenant seulement les inscriptions survenues depuis la délivrance du premier état et ne pouvant, par conséquent, faire connaître les mentions de subrogations, de cession d'antériorité, changements de domicile, etc., etc., survenues depuis cette même époque ;

Et alors, il arrive que les notifications et sommations peuvent être faites à des créanciers autres que les créanciers actuels et réels, ou à des domiciles autres que les domiciles changés ultérieurement et définitivement élus depuis lors :

Ce mode de procéder, irrégulier au premier chef, entraîne d'autres dangers, plus graves encore, que nous allons mettre en lumière.

Aux termes de l'art. 750 § 2, susvisé :

« Le saisissant, dans la huitaine après la transcription du
» jugement d'adjudication, et, à son défaut, après ce délai,
» le créancier le plus diligent, la partie saisie ou l'adjudica-
» taire, dépose au Greffe du Tribunal l'état des circonscrip-
» tions et requiert l'ouverture du procès-verbal d'ordre. »

A quel moment doit être déposé cet état spécial qui devient la base de l'opération tout entière ; puisque, s'il n'était pas complet, général, il changerait entièrement le résultat de l'ordre.

D'après la jurisprudence constante, principalement d'après un arrêt de la Cour de Cassation du 2 juin 1831, cet état doit être déposé le jour même de la réquisition de l'ouverture de l'ordre.

(Cour de Rouen, 27 août 1829; — Cour de cassation, 2 juin 1831 ; — S. V. coll. nouv. t. 9. 2, 332; — S. V. 29, 2, 289; 31, 1, 252; — 8, 25, 308; — 29, 2, 288, — 35, 1, 232; — D. p. 31, 1, 208; — Tarrible, page 679; — Pigeau, comm. tome 2, page 422; — Thomine, page 311; — Chauveau, question 2552; — Boucher d'Urgis, dict. de la taxe, page 213; — Cour de Riom, 8 juin 1811; — S. V. 12, 2,

109; — Cour de Caen, 14 novembre 1849 ; — Cour de
Bourges, 13 décembre 1851 ; — Lachaise, tome 1er pages
368 et 378 ; — Carré, lois de la procédure, questions
2329, 2333 et suiv.; — Rodière, page 214 ; — Carré et
Chauveau, 2548 ; — etc., etc.).

S'il en était autrement, c'est-à-dire si l'état était anté-
rieur de plusieurs mois, seulement de plusieurs jours à la
réquisition de l'ouverture de l'ordre, il pourrait être incomplet, il serait, à coup sûr, incomplet.

Ne citons que 3 exemples:

1er Exemple :

Dans le cas où, depuis la délivrance de l'état primitif, il
surviendrait une nouvelle élection de domicile de la part
d'un ou de plusieurs créanciers inscrits (art. 2152 du c.
civ.) les sommations (art. 691, 692 du C. proc. civ.) auraient
été déjà adressées à l'ancien domicile élu dans l'inscription ;

Ce qui serait contraire à la loi, et les créanciers acquer-
raient ainsi le droit de former tierce-opposition au procès-
verbal d'ordre et feraient réformer le règlement dressé par
le juge commis (art. 474 du C. proc. civ.).

C'est ce qu'a formellement décidé l'arrêt de la Cour de
Cassation du 2 juin 1831, susvisé :

« Attendu, porte cet arrêt, que la faculté accordée à tout
» créancier par l'art. 2152 du C. civ., de changer, sur le
» registre des hypothèques, le domicile par lui élu, n'est
» limitée à aucune époque ;

» Qu'elle deviendrait illusoire, si elle n'avait pas pour
» effet d'obliger le poursuivant-ordre à faire signifier la
» sommation de produire, au nouveau domicile élu ;

» D'où il suit, que l'état d'inscription, dont parle l'art.
» 750 du C. de proc. civ., doit, régulièrement, être déposé
» par le poursuivant, le jour même où il requiert du juge
» l'ordonnance d'ouverture de l'ordre, etc., etc. »

2me *Exemple* :

Le règlement du juge commis pourrait encore être atta-
qué par un créancier subrogé, dont la subrogation aurait
été mentionnée postérieurement à la délivrance de l'état
primitif et antérieurement à la réquisition d'ouverture de
l'ordre.

Vainement le poursuivant-ordre soutiendrait que, le cédant ayant été appelé à prendre part à l'ordre amiable et, à
défaut de règlement amiable, à l'ordre judiciaire (art. 751,
752 du C. proc. civ.), il incombait au cédant d'en donner
connaissance à son cessionnaire ; et que, ne l'ayant pas
fait, lui seul, le cédant, est responsable du préjudice causé
à son représentant, c'est-à-dire à son cessionnaire.

Le cédant répondrait, à bon droit, qu'il est de principe
constant que celui qui poursuit l'ouverture de l'ordre doit
déposer, à l'appui de sa requête, l'état spécialement prescrit par l'art. 750, c'est-à-dire l'état faisant connaître les
créanciers ayant droit de figurer à l'ordre, au moment où
le juge commissaire rend son ordonnance ;

Or, si l'état primitif, joint à la requête avec un état purement supplémentaire ou complémentaire, a été pris, un
mois, deux mois, quelques jours seulement, avant l'ouverture de l'ordre, il va de soi que cet état primitif n'a pu
énoncer la subrogation mentionnée postérieurement à sa
délivrance.

Le cédant, convaincu, au surplus, que l'ordre évidemment n'a été ouvert que sur le dépôt de l'état général,
requis et délivré sur et après la transcription du jugement
d'adjudication, prescrit par l'art. 750, § 2, il était constant
pour lui que son cessionnaire avait été personnellement
appelé à l'ordre et il ne pouvait jamais supposer que le
poursuivant eût déposé un état incomplet, et, encore moins,
que le juge commissaire, qui avait cet état sous les yeux,
ne l'eut pas, lui surtout, reconnu ;

Que, dans tous les cas, s'il y a faute et préjudice, c'est le fait du poursuivant, lequel est responsable.

3me *Exemple* :

Il se produira une circonstance bien plus grave :

L'état primitif peut contenir des inscriptions, légalement existantes, il est vrai, au jour de sa délivrance, mais qui, depuis, peuvent être périmées, ou, faute de renouvellement en temps utile, peuvent avoir perdu leur rang, au jour de la délivrance de l'état simplement supplémentaire et de la réquisition de l'ouverture de l'ordre ;

Et cependant, le juge commis, à qui rien absolument ne révèle cette péremption ou cette perte de rang, inconsciemment colloquera en rang utile ces inscriptions; et cela, au détriment d'autres créanciers dont les intérêts seront ainsi méconnus, sacrifiés, puisque, sans cette circonstance ils eussent été, de préférence et à bon droit, utilement colloqués.

MM. les Avoués sont, eux surtout, personnellement intéressés à se conformer aux prescriptions de l'art. 750, § 2.

Il est certain qu'ils peuvent parfaitement être rendus responsables des conséquences et du préjudice résultant d'une procédure irrégulière dans l'accomplissement des diverses formalités à suivre au nom de leurs clients.

En effet, quand un mandat est donné à un avoué, c'est un point constant, qu'à la différence du mandataire ordinaire qui n'est pas tenu de contredire ou de refuser le mandat, l'avoué, comme tous les mandataires de profession, à qui on s'adresse pour les affaires rentrant dans leur ministère, est censé accepter le mandat, du moment où il en fait usage, ou, encore, par cela seul qu'il en a reçu l'avis, sans donner de réponse.

En résumé, les Avoués ne sont pas de simples mandataier ordinaires; ils sont les représentants légaux de leurs mandants et, comme tels, responsables personnellement.

Il serait superflu d'insister.

Au surplus, c'est ce qui a été formellement décidé par maints jugements et arrêts, notamment par la Cour d'Aix en 1865, par la Cour de Bourges, le 13 décembre 1851, etc., etc.

On voit combien il importe, à tous les points de vue, aux intérêts de tous, de prendre, à la date et le jour même de la réquisition d'ouverture de l'ordre, l'état spécial prescrit par l'art. 750, c'est-à-dire l'état complet, général, sur et après la transcription du jugement d'adjudication, en la forme seule, entière, rigoureuse des états sur transcription; en un mot, l'état comprenant toutes les charges qui frappent l'immeuble adjugé, tant du chef des vendeurs que du chef de tous les précédents propriétaires dénommés dans le jugement d'adjudication transcrit.

Comme nous l'avons déjà dit, au § 2 ci-avant, en ce qui concerne l'état prescrit par l'art. 2198 du C. civ., ici encore l'état prescrit par l'art. 750 § 2 du C. proc. civ., est seul régulier, remplit le vœu de la loi.

Tout autre état quelconque, requis et délivré, soit avant, soit après la transcription du jugement d'adjudication, dans toute autre forme, à toute autre fin, ne peut, ne doit être admis pour procéder à un ordre;

Le juge-commissaire a pour devoir strict de ne pas l'accepter, de le rejeter, sous peine de ne pas se conformer lui-même à la loi, de voir attaquer et réformer le réglement dressé par lui.

A la rigueur, mais alors faudrait-il que le juge-commissaire l'exigeât absolument, le poursuivant-ordre pourrait produire, à l'appui de l'état primitif et comme complément indispensable du second état supplémentaire faisant suite à l'état primitif, un troisième état ou certificat du conservateur, attestant qu'il n'a été apporté aucune modification, telle que changement de domicile, cession d'antériorité, subrogation, aux inscriptions comprises dans les précédents états et dont on devra nécessairement donner, dans la réquisition, la nomenclature exacte, par date, volume et numéro, pour chaque inscription.

De cette manière, le juge-commis aurait, du moins, sous les yeux les éléments nécessaires pour procéder, avec sûreté, à l'ordre, à sa clôture et à la distribution du prix.

Ajoutons que, par les mêmes motifs exposés au § 2 ci-avant et en se fondant sur les mêmes autorités juridiques, le juge-commis doit rigoureusement exiger le dépôt d'un état distinct et séparé pour chacun des jugements également distincts et séparés, rendus le même jour ou à des dates différentes, au profit d'adjudicataires différents et bien que, dans plusieurs adjudications distinctes, les vendeurs ou saisis soient néanmoins les mêmes ; lorsque, surtout, les origines de propriété des immeubles adjugés, au lieu d'être identiques, sont, au contraire, entièrement différentes ;

Et ce, sans qu'il soit en rien permis à des adjudicataires divers, dans des adjudications diverses, les immeubles eussent-ils la même ou les mêmes origines, de se réunir, pour requérir du conservateur la délivrance d'un seul et même état et appliquer ensuite, utiliser et faire servir ce seul et même état à plusieurs adjudications et à plusieurs ordres.

Disons, en terminant, combien il est prudent, combien il importe que le saisissant, ou, pour lui, son Avoué,

1° S'assurent, préalablement à la saisie, que le saisi est bien réellement encore possesseur de l'immeuble ou des immeubles saisis : pour s'en convaincre, il faut, de toute nécessité, requérir l'état des transcriptions d'actes de mutations et mentions de jugements de résolution, du chef du saisi.

C'est là ce qu'on fait rarement.

Cependant, on éviterait ainsi des revendications et des incidents de procédure, dont les frais pourraient, à bon droit, être laissés à la charge du saisissant, ou, plutôt, comme nous l'avons dit, à la charge de l'avoué lui-même ;

2° Requièrent, tant du chef de la partie saisie, que du chef de tous précédents propriétaires *connus du conservateur au moyen de ses registres de transcription,* l'état destiné à leur faire connaître les créanciers auxquels doit être faite la sommation prescrite par l'art. 692 du C. de proc. civ.

(Arrêts de la C. de cass. du 27 décembre 1811 ; des Cours de Riom, 8 août 1815 ; Toulouse, 27 juin 1835 ; Bourges, 15 décembre 1851 ; Paris, 5 juillet 1862 ; Aix, 1865. D. t. 12, 1, 171 ; — 28, 1, 19 ; — 28, 1, 46 ; — 32, 2, 44 ; — 36, 2, 14 ; — etc.)

Par son arrêt du 15 décembre 1851, susvisé, la Cour de Bourges est même allée plus loin :

1° Elle a décidé que si, à défaut de renseignements dans les registres du conservateur, l'état ou certificat délivré par lui ne fait point connaître les précédents propriétaires, le poursuivant est formellement tenu de pousser plus loin ses investigations, notamment en consultant la matrice cadastrale et les états de section du cadastre ;

2° Et a déclaré. comme, plus tard, la Cour d'Aix, en 1865, l'avoué du saisissant, responsable de l'irrégularité de la procédure et des dommages éprouvés par le créancier omis sur un précédent propriétaire dont le titre avait été transcrit.

Notre but est rempli.

Nous aurions encore bien des choses à dire ; nous croyons devoir nous en tenir aux principaux dangers que nous venons de signaler et en avoir dit assez, pour provoquer, dans l'esprit et la conduite de tous, principalement des hommes d'affaires, la méditation et la prudence.

Ainsi que le disait Treilhard dans la séance du Corps Législatif, du 24 ventôse an XII (15 mars 1804):

« Toutes les actions reposent sur la loi ; elles périssent
» toutes cependant, lorsqu'on ne les exerce pas en temps
» utile, ou lorsqu'on ne les exerce pas dans les formes pres-
» crites ».

www.ingramcontent.com/pod-product-compliance
Lightning Source LLC
Chambersburg PA
CBHW070756220326
41520CB00053B/4512